LA CAVALERIE

A MARENGO

(14 JUIN 1800)

PAR

LE COMMANDANT PICARD

PARIS

LIBRAIRIE MILITAIRE R. CHAPELOT ET C

IMPRIMEURS-ÉDITEURS

SUCCESSEURS DE L. BAUDOIN

30, Rue et Passage Dauphine, 30

—

1900

LA CAVALERIE

A MARENGO

(14 JUIN 1800)

PARIS. — IMPRIMERIE R. CHAPELOT ET Cᵇ, 2, RUE CHRISTINE.

LA CAVALERIE

A MARENGO

(14 JUIN 1800)

PAR

LE COMMANDANT PICARD

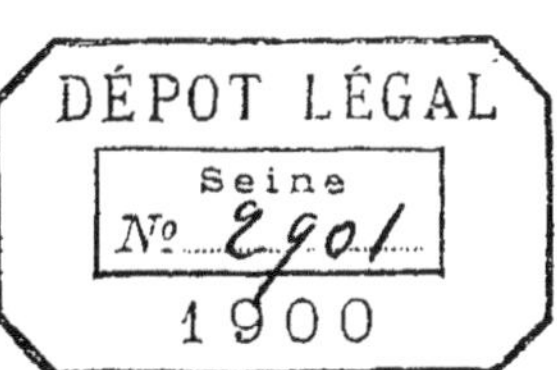

PARIS

LIBRAIRIE MILITAIRE R. CHAPELOT ET Ce

IMPRIMEURS-ÉDITEURS

SUCCESSEURS DE L. BAUDOIN

30, Rue et Passage Dauphine, 30

—

1900

Tous droits réservés

LA CAVALERIE

A MARENGO

(14 JUIN 1800)

La bataille de Marengo est peut-être le fait historique qui a été le plus souvent invoqué pour démontrer le rôle de la cavalerie sur le champ de bataille.

C'est l'exemple classique cité par tous les cours de tactique, aussi bien en France qu'à l'étranger. Mais c'est aussi le fait historique dont on a tiré les conclusions les plus contradictoires.

On a coutume de professer en France que la bataille de Marengo ne fut un échec pour les Autrichiens que par suite des fautes de leur cavalerie, et qu'à l'inverse elle ne fut un succès pour les Français que grâce au remarquable emploi de la leur.

Mais on a également coutume de professer en Autriche la thèse absolument contraire.

C'est qu'en France on ne considère que le résultat final, tandis qu'en Autriche on n'analyse, comme véritable bataille, que le premier acte de la journée, qui fut incontestablement un succès pour les Autrichiens, ne regardant le deuxième acte que comme une défaillance due à la panique qui s'empara de leurs troupes.

Il est, en effet, indispensable de bien distinguer dans cette bataille, si vaillammment disputée, les deux phases dont elle se compose et qui constituent deux moments complètement différents ou, pour mieux dire, deux batailles successives.

Quoi qu'il en soit, si c'est comme une tradition, chez tous les écrivains qui ont traité ce sujet, d'accorder à la cavalerie le rôle prépondérant et même décisif à Marengo, c'est que les premiers échos qui parvinrent de cette grande bataille en donnèrent cette opinion et que les acteurs de cette scène mémorable en rapportèrent la même impression, tant la cavalerie des deux partis s'était multipliée dans cette journée.

Et la légende, ce maquillage de l'histoire, s'emparant aussitôt de cette exagération, en perpétua l'idée.

Au lendemain de Marengo, toute la France se répéta que notre armée n'avait été sauvée d'un désastre complet que par les charges héroïques de nos cavaliers ; de même qu'en Autriche on rejeta toute la responsabilité de la défaite sur la cavalerie, qui fut le bouc émissaire.

Les témoins oculaires ne s'accordaient-ils pas tous à dire qu'ils avaient vu nos cavaliers chassant devant eux l'ennemi victorieux, tandis que les cavaliers autrichiens fuyaient à toute bride, bousculant leur propre infanterie pour échapper plus promptement à ce remous inattendu de la bataille ?

Et si l'on admettait, en France, que c'était à notre cavalerie qu'on devait le succès final, n'était-il pas logique, en Autriche, d'en accuser la cavalerie beaucoup plus nombreuse que la nôtre.

Mais il y avait surtout une certaine forfanterie pour les Français à professer cette opinion, parce que c'était la première fois, depuis l'ouverture de la campagne et même, sauf de rares exceptions, depuis l'ouverture des hostilités avec l'Autriche en 1792, que notre cavalerie était engagée dans une grosse affaire avec cette cavalerie autrichienne qui passait pour la première de l'Europe, tant par le nombre que par la supériorité tactique.

Il n'y avait eu jusque-là que des engagements partiels de cavalerie, dans lesquels d'ailleurs les Autrichiens avaient toujours remporté le succès. Et, si cette cavalerie autrichienne n'avait pas toujours su faire tout ce qui lui incombait, elle n'avait point encore vu son prestige entamé par la défaite. Redoutée de nos cavaliers, elle l'était encore plus de nos fantassins, tant de fois chargés et désagrégés par ses attaques. Aussi n'était-il pas étonnant que l'infanterie française elle-même, malgré son dévouement stoïque à Marengo, eût rapporté de cette bataille l'opinion qu'elle avait été sauvée par nos cavaliers.

Par contre, il y avait surtout de la déception de la part des

Autrichiens à constater que l'ascendant de leur cavalerie avait
sombré à Marengo.

Ce furent là évidemment les principaux motifs de cette exagération de la première heure, qui fit retentir plus haut le nom de
Kellermann que celui de Bonaparte, à côté de Marengo, et qui
répandit cette erreur que la cavalerie avait tout fait dans cette
bataille.

Certainement la cavalerie française avait été héroïque, certainement elle s'était montrée bien supérieure à tous points de vue
à la cavalerie autrichienne, et l'ascendant moral était maintenant
passé d'un camp à l'autre des deux cavaleries rivales.

Les Autrichiens avaient raison de le déplorer, parce qu'un
ascendant perdu se regagne difficilement; parce que c'est l'ascendant moral qui fait la force principale de la cavalerie, surtout
quand cette auréole glorieuse est faite des débris du prestige de
l'adversaire.

Et l'avenir leur a donné raison, parce que c'est avec le prestige
conquis à Marengo que la cavalerie française a enfoncé toutes
les troupes d'Europe.

Donc, la bataille de Marengo fut, pour la cavalerie française,
un criterium; mais sans vouloir lui contester sa large part de
gloire dans cette journée, il est utile de remettre au point ce que
les exagérations ont travesti.

C'est au lendemain de toutes les campagnes que se créent ces
légendes dont l'opinion publique est si friande et qu'il est si
difficile de déraciner ensuite. Se propageant avec une rapidité
étonnante, aussi étonnante que leur naissance spontanée, elles
s'accréditent par le témoignage de ceux-mêmes auxquels elles
ont été inculquées, et triomphent des contradictions par ce même
crédit.

Parasites de l'histoire, elles font bientôt corps avec elle, gran-
dissent à ses dépens, et, comme les parasites pour les arbres aux
plus puissantes racines, finissent par l'étouffer.

Détruire une légende n'est point une besogne bien tentante,
surtout quand il s'agit d'entamer l'auréole qui ensoleille le front
de nos cavaliers; mais c'est un devoir de conscience, c'est un
hommage à l'histoire et c'est un plaisir pour un cavalier quand
il sait qu'il en restera encore plus de gloire à ses devanciers,
parce que ce qu'il en restera sera inattaquable par la contradic-

tion et garanti par la vérité. Dégager l'histoire de la légende c'est dégager un arbre de sa mousse, c'est l'empêcher de mourir.

Les motifs de la légende de la cavalerie à Marengo, j'ai essayé de les indiquer ; il faut maintenant expliquer les motifs de sa propagation et de sa consécration par les enseignements didactiques.

J'ai dit que les premiers échos de la bataille, ainsi que les récits des témoins, avaient répandu dans l'opinion publique l'idée que les deux cavaleries adverses avaient eu la part prépondérante dans la lutte de Marengo. On les avait vues, en effet, combattre entre elles ou contre l'infanterie sur tous les points du champ de bataille. Il n'y avait eu, pour ainsi dire, aucune troupe d'infanterie française qui n'eût eu à supporter les attaques de la cavalerie autrichienne. C'est par cette cavalerie que nos colonnes avaient été débordées et enveloppées, bien longtemps avant que l'infanterie autrichienne eût pu réaliser cet enveloppement.

N'avait-on pas prévenu l'infanterie française qu'elle devait s'attendre à être entourée par une cavalerie très nombreuse et très entreprenante? Les généraux eux-mêmes n'avaient-ils pas été prévenus par Bonaparte qu'il se défiait de la grande supériorité des Autrichiens en cavalerie? N'était-ce pas pour cela qu'il s'était attardé dans le défilé de la Stradella, pour ne pas s'aventurer en plaine et pour tenter de recevoir le choc de l'armée ennemie dans un terrain peu propice à l'emploi de la cavalerie? Aussi était-il assez naturel que tous les Français, qui avaient combattu à Marengo, se fussent accordés à parler avant tout de la cavalerie : de celle qui les avait attaqués et de celle qui les avait sauvés.

Car nul ne pouvait ignorer que la défaite eût été sans rémission si la cavalerie autrichienne avait poursuivi, et que le retour offensif de Desaix, qui avait débuté par un nouvel insuccès, aurait certainement tourné à un échec complet sans l'intervention de la cavalerie de Kellermann quasi-miraculeuse dans son résultat. Tout le monde avait vu la victoire reconquise par notre cavalerie se lançant audacieusement en avant de toutes parts, renversant tout sur son chemin, ouvrant la route à notre infanterie, qui n'avait eu qu'à reprendre au pas de course tout le terrain qu'elle avait perdu pied à pied.

Et de tous ces témoignages surgissait comme le fait le plus important de la journée, comme l'action décisive qui avait suffi à balancer le succès de toute l'armée autrichienne : la charge de Kellermann.

Certainement cette charge avait été menée avec un à-propos et un sang-froid remarquables, et c'est parmi les actions de ce genre l'une des plus belles qu'on puisse donner en exemple. Elle est aussi admirable par son immense résultat matériel et moral si en disproportion avec le faible contingent des cavaliers engagés. Mais cela ne saurait pourtant justifier l'exagération des journaux du temps et des écrivains militaires, qui s'en sont inspirés, à prétendre que Kellermann fut l'unique sauveur de l'armée française.

On se plut à le répéter bien haut dans le clan des officiers de l'armée du Rhin qui tant jalousaient les succès de l'armée d'Italie.

Les généraux qui discutaient encore le talent de Bonaparte ne manquèrent pas de démontrer que sans Kellermann la bataille était bien perdue.

Et c'est avec l'intention évidente d'abaisser Bonaparte qu'à l'étranger on écrivit que le véritable vainqueur de Marengo était Kellermann.

Bonaparte était accusé d'avoir préparé son échec en commettant la faute d'égrener ses troupes. Et le désastre que la cavalerie autrichienne aurait pu réaliser en capturant une bonne partie de ses troupes, il n'en avait été sauvé que par le dévouement de sa cavalerie et particulièrement celle de Kellermann.

Bonaparte lui-même donnait créance à cette opinion en exaltant beaucoup, dans son rapport, le rôle tenu par la cavalerie, mais en ne parlant point ou très peu de Kellermann, dont le nom était pourtant dans toutes les bouches.

C'est sans doute pour protester contre cet oubli que les écrivains militaires firent de Kellermann la cheville ouvrière de la bataille de Marengo.

Et cette polémique contribua pour beaucoup à porter les esprits à parler plus particulièrement de ce que la cavalerie avait fait dans cette bataille.

Mais, à côté de cela, il est surprenant de constater qu'aucun des écrivains ne rechercha les faits pour reconstituer les conditions dans lesquelles la cavalerie des deux partis avait eu à jouer son rôle. Il a fallu attendre à ces derniers temps pour trouver en France la *thèse* de Marengo appuyée sur des documents; encore laissa-t-on à la cavalerie sa vague part de gloire, sans doute dans la crainte d'entamer la légende.

En Autriche, on expliqua tout d'abord la défaite par une panique qui aurait suivi la victoire. On ne pouvait nier qu'il y eût victoire, elle avait été annoncée officiellement par le général en chef, et les Français convenaient qu'ils n'avaient été sauvés que miraculeusement. Après avoir rendu la cavalerie responsable de cette défaite pour n'avoir point su déjouer le retour offensif de celle des Français, on chercha à l'excuser en lui attribuant, là aussi, une large part du succès de la première partie de la journée.

Il était adroit, en effet, de ne point la discréditer soi-même, tout en lui reconnaissant la part indiscutable de l'échec qu'on ne pouvait dénier.

Et, pour soutenir cette thèse, on exalta également en Autriche le rôle de la cavalerie à Marengo.

Ces tendances communes ont fait naître les exagérations dont je parlais plus haut, qui, pour des esprits superficiels, ne se renseignant qu'à ces sources bibliographiques, tendraient à faire primer à l'excès le rôle de la cavalerie dans la bataille de Marengo.

Il faut se dégager de ces thèses de parti pris et reconstituer le cadre des actions de la cavalerie avec les faits, pour remettre à leur juste et réelle valeur les mérites de la cavalerie dans cette journée si fertile en enseignements et si glorieuse pour les cavaliers des deux partis, mais surtout pour les nôtres.

*
* *

Le 9 juin 1800, l'avant-garde du général Lannes s'était heurtée au corps autrichien du général Ott, que Mélas avait dirigé sur Plaisance pour assurer sa ligne de retraite.

Un violent combat s'était engagé à Montebello, et Lannes, soutenu par Victor, avait enlevé de haute lutte le défilé de la Stradella, en repoussant les Autrichiens après une bataille qui avait duré de 10 heures du matin jusqu'à 8 heures du soir.

Le Premier Consul resta le 10 à la Stradella et s'occupa aussitôt de concentrer son armée et de garantir sa retraite par l'établissement de deux ponts sur le Pô, avec têtes de pont.

C'est dans cette position que Bonaparte fut rejoint, le 11 juin, par le général Desaix.

Le général Desaix, venant d'Égypte, après avoir été fait prisonnier de guerre, était accompagné de ses aides de camp, Rapp et Savary, et d'Auguste Colbert. Anxieux de retrouver leur ancien chef, ils s'étaient dirigés par la Tarentaise et le Petit-Saint-Bernard, et se ralliaient à l'armée d'Italie, à Stradella.

Desaix fut accueilli avec effusion par Bonaparte, qui passa une partie de la nuit à le questionner sur l'Égypte.

Quant à Auguste Colbert, il reprit immédiatement son poste d'aide de camp auprès de Murat, qui commandait alors, avec le titre de lieutenant général, la cavalerie de l'armée d'Italie.

Victor, Lannes, Desaix, généraux d'infanterie ; Murat, général de cavalerie, avaient le titre de lieutenants généraux.

Ce titre de lieutenant général ne constituait pas alors un grade ; on le conférait aux généraux dont le commandement s'étendait sur plusieurs divisions.

Si le commandement des lieutenants généraux d'infanterie était effectif, c'est-à-dire s'ils commandaient directement les divisions mises sous leurs ordres, il ne faut pas conclure, par analogie, comme on l'a écrit, à une masse de cavalerie groupée et agissant sous l'impulsion directe du lieutenant général de la cavalerie. Au contraire, les régiments de cavalerie attachés à l'armée d'Italie étaient répartis entre les corps d'infanterie et placés sous les ordres des chefs de corps : Victor, Desaix, Lannes.

La plupart étaient groupés par brigades, sous le commandement des généraux Champeaux, Rivaud, Duvignau et Kellermann. La cavalerie de la garde consulaire était sous les ordres directs de Bessières.

Le commandement de Murat était donc un titre plutôt nominal qu'effectif. Le général en chef de la cavalerie n'avait pas un corps de cavalerie groupé sous ses ordres ; mais, dans l'idée du Premier Consul, il était destiné à prendre, dans certaines occasions, le commandement de tout ou partie de la cavalerie pour opérer séparément de l'armée, par exemple, dans une diversion ou une poursuite. Néanmoins, c'était le lieutenant général de la cavalerie qui devait donner, dans une certaine mesure, à toutes les troupes à cheval, les ordres de détail concernant la tenue, les fourrages, etc. C'est lui qui devait fournir aux autres troupes le contingent de cavalerie qui leur était destiné, et, par conséquent, en faire la répartition.

Le Premier Consul resta les 10, 11 et 12 juin à la Stradella. Plus rien ne le pressait; Gênes était tombée.

Il envoya par des affidés, à travers les montagnes, l'ordre au général Suchet de marcher sur la Scrivia par le débouché du col de Cadibone, dans le but de menacer les derrières de l'armée autrichienne.

L'ennemi avait une cavalerie et une artillerie très nombreuses. Ni l'une ni l'autre de ces armes n'avaient souffert, tandis que notre cavalerie et notre artillerie étaient très inférieures en nombre; il était donc hasardeux de s'engager dans la plaine de Marengo. Si l'ennemi voulait rouvrir ses communications et regagner Mantoue, c'était par la Stradella qu'il fallait qu'il passât, et qu'il marchât sur le ventre de l'armée française. Cette position de la Stradella semblait avoir été faite exprès : la cavalerie de l'ennemi ne pouvait rien contre elle, et la très grande supériorité de son artillerie serait moindre là que partout ailleurs.

Dans la position de la Stradella, la droite de l'armée du Premier Consul s'appuyait au Pô et aux plaines marécageuses et impraticables qui l'avoisinent; le centre, placé sur la chaussée, était renforcé de gros villages ayant de grandes maisons en maçonnerie solide; la gauche, postée sur les hauteurs, était encore plus forte.

Cependant, le 12, dans l'après-midi, le Premier Consul, surpris de l'inaction du général Mélas, conçut des inquiétudes et craignit que l'armée autrichienne ne se fût portée sur Gênes ou sur le Tessin, ou bien qu'elle n'eût marché contre Suchet pour l'écraser et revenir ensuite contre l'armée de Réserve.

Les troupes qui se trouvaient en mesure de marcher à l'ennemi ne pouvaient monter qu'à 30,000 hommes au plus. Dans la nuit du 12 au 13, elles s'établirent sur la Scrivia de la manière suivante :

Les deux divisions commandées par les généraux Watrin et

Mainoni, sous la direction du lieutenant général Lannes et formant la droite de l'armée, à Castelnovo di Scrivia ;

Le centre, commandé par Desaix, et composé des divisions Boudet et Monnier, sur la grande route, en avant de Ponte-Curone. Ce corps d'armée devait être renforcé par la division du général Lapoype, restée au delà du Pô, et à laquelle on envoya l'ordre de marcher pour se mettre en ligne ;

Enfin, l'aile gauche, formée par les deux divisions Chambarlhac et Gardanne, sous le commandement supérieur du lieutenant général Victor, également en avant de Tortone, et soutenant l'avant-garde de cavalerie commandée par le général de brigade Kellermann.

Le reste de la cavalerie, réuni sous les ordres de Murat, avait pris position à gauche du corps de Desaix, entre Ponte-Curone et Tortone.

Quant à l'avant-garde de cavalerie, forte de trois régiments, sous les ordres du général de brigade Kellermann, elle était en avant de Tortone.

Le reste des troupes de l'armée de Réserve, c'est-à-dire la moitié de cette même armée, ne pouvait pas encore concourir à une action générale, si elle avait lieu.

Le quartier général fut placé à Voghera.

Dans ce mouvement, on n'obtint aucune nouvelle de l'ennemi ; on n'aperçut que quelques coureurs de cavalerie qui n'indiquaient pas la présence d'une armée dans les plaines de Marengo. Le Premier Consul ne douta plus que l'armée autrichienne ne lui eût échappé.

Cette erreur peut être imputée à la cavalerie, qui ne sut donner que de très vagues renseignements, pour n'avoir pas poussé assez loin son investigation ; mais une bonne part de la responsabilité de cette insuffisance doit être attribuée aux ordres qui lui avaient été donnés.

Le plus gros contingent de la cavalerie avait été maintenu, sous le commandement de Murat, dans les lignes mêmes de l'infanterie, en arrière de la Scrivia. Il n'y avait, en avant de cette rivière, que la brigade du général Kellermann, qui faisait l'office d'avant-garde et qui, d'après ses instructions, avait plus pour mission de couvrir que de découvrir. On ne pratiquait point

alors ce service d'exploration si nécessaire au commandement
pour orienter ses dispositions.

Les reconnaissances de la cavalerie auraient dû explorer tout
le terrain compris entre la Scrivia et la Bormida prolongée par
l'Orba, pour fouiller cette plaine qui inspirait tant de défiance.
La largeur de cette plaine, de l'est à l'ouest, n'était en moyenne
que de 20 à 25 kilomètres, c'était bien le moins que l'armée,
dans son incertitude sur l'ennemi, s'éclairât à cette distance. Et
malgré qu'on redoutât pour nos cavaliers la rencontre de la nombreuse cavalerie autrichienne, ce n'était pas trop l'aventurer que
de la lancer jusqu'à la limite orientale de cette plaine. Sa
retraite était assurée, puisqu'on tenait les ponts de la Scrivia à
Tortone et à Castelnovo.

Bonaparte avait raison de tenir groupés derrière une rivière
les faibles contingents dont il pouvait disposer, sorte d'avant-
garde de son armée, et de ne pas les porter plus en avant, jusqu'à plus amples informations sur l'ennemi; mais c'était précisément pour ces mêmes raisons qu'il aurait dû lancer sa cavalerie
le plus loin possible dans cette plaine, que son génie militaire
lui faisait pressentir comme le théâtre de la rencontre prochaine
avec les Autrichiens.

C'était par les deux ponts de Tortone et de Castel-Novo que la
cavalerie aurait dû suinter en avant du front de l'armée, dût-elle
se borner à gagner seulement le milieu de la plaine, avec ses
gros, pour s'y établir en replis de ses reconnaissances, qui
seraient allées jusqu'à la Bormida et l'Orba.

D'ailleurs n'avait-on pas à reprendre le contact de ce corps de
Ott qu'on avait laissé si bénévolement s'évaporer?

Et si, au lieu de tenir la cavalerie de Murat, qui ne deman-
dait qu'à marcher, en arrière d'une rivière, dans les lignes de
l'infanterie, et de retenir celle de Kellermann à quelques kilomètres en avant de Tortone, où elle jouait un rôle insignifiant
d'avant-postes, puisque le pont était tenu par l'infanterie; si, en
somme, on eût demandé à la cavalerie d'explorer la plaine de
Marengo, on aurait su, dès le soir du 12 juin, que le village de
Marengo était occupé fortement, ce qui aurait dissipé tous les
doutes et toutes les erreurs de la suite par cette reprise du
contact.

Au lieu de cela, on se garda dans le vide, et la plus grande indécision s'empara de l'esprit de Bonaparte qui, à son quartier général de Voghera, passa une partie de la nuit à discuter différents plans, subordonnés aux renseignements qu'on recueillerait le lendemain.

De son côté, le général Mélas était dans la plus grande perplexité. Cette armée de Bonaparte, qui surgissait si subitement sur sa ligne de communication, dérangeait singulièrement toutes ses combinaisons. Sa situation était vraiment assez embarrassée, mais il se montrait plus préoccupé de dégager sa responsabilité que d'aviser aux moyens d'en sortir.

N'est-il pas curieux de le voir le 13 juin, la veille même de la bataille de Marengo, décider en conseil « que l'existence de l'armée de Réserve lui avait été complètement inconnue et que, puisque les ordres et les instructions du conseil aulique n'avaient mentionné que l'armée de Masséna, la fâcheuse position où l'on se trouvait était entièrement la faute du ministère et non celle du général ».

Cependant le général Mélas n'avait pas plutôt appris la défaite du général Ott, à Montebello, qu'il s'était décidé à tenter la chance d'un engagement général. En effet, il pouvait réunir encore 40,000 à 50,000 combattants; sa cavalerie était bien plus nombreuse et mieux montée que celle des Français; enfin il avait beaucoup plus d'artillerie.

Il avait alors trois partis à prendre : livrer une bataille offensive pour reconquérir sa ligne de retraite et rouvrir ses communications par la rive droite du Pô, ou tenter le passage du Tessin dans le même but, ou, enfin, faire une guerre défensive en se basant sur Gênes et sur la flotte anglaise.

Il s'était arrêté au premier de ces trois partis et se disposait à livrer une bataille offensive à l'armée française quand celle-ci arriverait en présence.

Gênes ayant succombé le 4 juin, Elsnitz ayant abandonné à la même époque l'attaque de la ligne du Var, Mélas avait enfin concentré son armée sous Alexandrie, derrière la Bormida.

Il avait laissé 25,000 hommes dans les places, il en avait encore 40,000.

Bien que n'ayant encore aucun renseignement sur le gros de

l'ennemi, les Français passèrent la Scrivia dans la matinée du 13 juin, pour se former dans la plaine de San-Giuliano.

Bonaparte se porta, de sa personne, à Castelnovo di Scrivia et de là prescrivit à Murat de faire explorer par la cavalerie légère la plaine entre la Scrivia et la Bormida ; lui-même se mit à la parcourir avec ses guides.

Rien ne peut mieux montrer l'insuffisance du service de la cavalerie en avant de l'armée, que cette détermination aventureuse que prend le général en chef d'opérer lui-même la reconnaissance qui avait été mal faite.

Malheureusement, ni la cavalerie légère, ni les guides ne poussent assez loin, et, des rapports qui lui sont faits, Bonaparte reste convaincu, à tort, que le seul village de Marengo est occupé par une arrière-garde qu'on suppose pouvoir être de 4,000 à 5,000 hommes.

Étonné de ne pas voir l'ennemi en bataille dans cette plaine, le Premier Consul commence à croire que Mélas opère une marche de flanc vers le sud et que les troupes de Marengo ne sont là que pour donner le change.

Néanmoins, il ordonne d'attaquer Marengo.

Le général Gardanne reçut l'ordre d'attaquer ce village, vers 4 heures du soir, avec une partie de sa division. Il fut emporté après une médiocre résistance, et les Autrichiens furent suivis vivement jusqu'à leurs retranchements sur la Bormida. Mais la cavalerie légère n'ayant pas encore poussé assez loin, on ne sut pas où était le gros des forces autrichiennes et il n'y eut plus aucun doute qu'il ne fût en pleine manœuvre, puisque, s'il eût voulu attendre l'armée française, il n'eût pas négligé le beau champ de bataille que lui offrait la plaine de Marengo, si avantageuse au développement de son immense cavalerie. Il parut donc de plus en plus probable que l'ennemi marchait sur Gênes.

La situation de nos troupes, le 13 au soir, est la suivante :

Le premier corps, celui de Victor, s'est avancé jusqu'à Marengo et a pris position le long du Fontanone, ayant sa cavalerie vers la gauche, et occupant sur son front, comme poste détaché, la ferme de Pietra-Buona.

Le corps de Lannes s'est établi derrière celui de Victor, formant un second échelon ou première réserve à hauteur de la Spinetta.

Enfin, le corps de Desaix en forme une troisième un peu en avant de San-Giuliano.

Quant à Suchet, la cavalerie de son avant-garde est arrivée à Acqui. Le 13ᵉ dragons y a attaqué un détachement de dragons autrichiens et l'a forcé à prendre la fuite après lui avoir fait 40 prisonniers.

Ce petit fait, si minime qu'il soit, a une grande influence sur les dispositions de Mélas, car il lui fait entrevoir le danger d'être attaqué du côté d'Acqui et le détermine à y porter une partie de ses troupes.

De fait, si les deux adversaires sont résolus à se mesurer, la position de Bonaparte est assez avantageuse derrière le ravin du Fontanone. S'il a l'infériorité numérique, il a un très bon groupement en échelons et l'espoir de voir Suchet intervenir pendant l'action sur le flanc et les derrières de Mélas.

Mais, comme nous l'avons dit, les reconnaissances poussées sur Alexandrie ayant été mal faites, Bonaparte croit que l'ennemi lui a échappé. Il le suppose dans la rivière de Gênes, et il envoie Desaix vers Novi, avec une de ses divisions, pour avoir des nouvelles. Lui-même se disposait à marcher de ce côté, lorsque, heureusement, un débordement de la Scrivia lui fit changer de projet.

Bonaparte retournait à son quartier général de Voghera, où il devait recevoir les différents rapports qu'il attendait, lorsque, à son passage à Torre-di-Garafola, des avis transmis de Rivalta et des postes d'observation sur le Pô lui firent pressentir que Mélas avait pris la résolution de livrer bataille pour s'ouvrir un passage au travers de l'armée française.

Il se hâta alors de rappeler le général Desaix ; mais quelque célérité que celui-ci pût mettre dans sa marche, il ne pouvait arriver sur le champ de bataille que dans l'après-midi du 14.

Dans cette journée du 13 juin, et pendant le premier combat de Marengo, Mélas a achevé de réunir les troupes des généraux Haddick, Kaim et Ott ; il a passé le Tanaro ce même jour, et son armée bivouaque en avant d'Alexandrie. Elle est forte de 40,000 hommes, dont 7,000 à 8,000 de cavalerie.

Ainsi, faute de renseignements, Bonaparte avait fait opérer un faux mouvement à une partie de ses troupes et restait jusqu'au dernier moment dans l'indécision sur les projets de son adversaire.

Doit-on en rejeter toute la faute sur la cavalerie ? Il est incontestable que si elle eût battu la plaine dès le 12 juin, elle aurait levé bien des hésitations; mais il ne faut point supposer cependant qu'elle aurait pu facilement découvrir le gros de l'armée ennemie, qui n'était venu camper sous Alexandrie que le 13 et derrière une grosse rivière, gardée par une tête de pont. Cette rivière offrait de grosses difficultés à l'exploration par ses méandres et ses rives boisées, qui obstruaient la vue. Mais il est certain que nos cavaliers se présentant sur les bords de cette rivière eussent été accueillis à coups de fusil, ce qui aurait au moins révélé son occupation assez étendue. Toutefois, ce n'était que par un mouvement à grande envergure que la cavalerie eût pu découvrir les campements des Autrichiens; ces mouvements indépendants n'étaient point dans les habitudes.

Quant à la cavalerie autrichienne, à qui l'on a reproché de ne s'être point montrée, il était bien dans son rôle de ne pas se faire voir tant que son armée restait ainsi groupée en arrière d'une grosse rivière avec le détachement qui occupait Marengo comme tête de pont. L'idée de Mélas, de concentrer tout son monde avant de passer la Bormida, peut être blâmée assurément, puisqu'il s'exposa à passer à la filière en présence de l'ennemi; mais, en prenant cette idée telle qu'elle fut conçue, la cavalerie autrichienne a eu raison de ne pas se montrer dans la plaine parce qu'elle aurait révélé la présence du gros de ses troupes, qu'on ignora jusque dans la soirée du 13, ne croyant avoir affaire qu'à un détachement complètement isolé.

Cette erreur justifie donc son inaction, à ce point de vue tout au moins.

Il ne s'agit point de refaire la bataille de Marengo en transformant le rôle de la cavalerie, mais bien de juger ce que la cavalerie a fait de mal ou de bien sur les données de l'affaire telle qu'elle s'est présentée.

*
* *

Le 14 juin, à 5 heures du matin, l'armée autrichienne commença à passer la Bormida et déboucha dans la plaine entre 8 et 9 heures du matin.

Oreilly, qui marchait en tête, avait 4 bataillons (2,228 hommes) et 6 escadrons (796 chevaux); il tourna à droite en remontant la Bormida vers Fragorolo. Derrière lui était le général en chef Mélas avec 28 bataillons (14,204 hommes) et 22 escadrons (3,694 chevaux), commandés par Haddick, Kaim et Elsnitz. Cette colonne se dirigea droit sur Marengo. Enfin, Ott, avec 16 bataillons (6,862 hommes) et 6 escadrons (740 chevaux), marcha sur Castel Cériolo. Toutes ces troupes étaient accompagnées de leur artillerie.

Toutefois, Mélas, inquiet de quelques rapports qu'il avait reçus d'Acqui, envoya du côté de Cantalupo 17 escadrons (2,340 chevaux) qui furent perdus pour la bataille, ce qui diminua un peu la grande disproportion qui existait entre les deux cavaleries.

En somme, les Autrichiens se présentent sur trois colonnes :

Celle de gauche, commandée par le général Ott, se dirige sur Castel Cériolo par le chemin de Salé, en menaçant notre droite;

Celle du centre, sous les ordres de Kaim, Haddick et Elsnitz, se dirige sur Marengo;

Enfin, la troisième, à droite, commandée par Oreilly, marche sur Stortigliona.

La réserve suit la colonne du centre.

Mais le débouché des colonnes autrichiennes par leur tête de pont est long et difficile. Victor, quoique surpris, a le temps de prendre ses premières dispositions.

Pour soutenir son avant-garde, commandée par le général Gardanne, qui a campé en travers de la grande route d'Alexandrie, la droite appuyée à Pietra-Buona, la gauche à la Bormida, il envoie en avant et à gauche du village de Marengo le 8ᵉ dragons et la brigade de grosse cavalerie de Kellermann (2ᵉ, 6ᵉ et 20ᵉ de cavalerie). La division Chambarlhac reçoit l'ordre de venir se ranger sur deux lignes, sa droite à Marengo, sa gauche s'étendant jusqu'au Fontanone, ruisseau encaissé et bourbeux qui coule parallèlement à la Bormida. Quelques escadrons de hussards et de chasseurs doivent remplir les intervalles de l'infanterie.

Le général Victor envoie le 11ᵉ hussards, commandé par le chef d'escadron Ismert, pour couvrir son extrême gauche, entre la Lemme et l'Orba, avec mission d'inquiéter également le flanc ennemi.

Le 12e chasseurs est également détaché pour aller flanquer l'extrême gauche de l'armée au delà de l'Orba.

Le capitaine de Blou, officier de correspondance du général Murat, est dépêché au Premier Consul pour le prévenir qu'une bataille va s'engager.

Notre ordre de bataille n'est encore qu'un ordre préparatoire; la position que présente le Fontanone est suffisamment garnie pour arrêter les premiers efforts de l'ennemi, mais on est formé en profondeur et il faut le temps de se ranger.

Le corps du général Victor est en première ligne; les troupes du général Lannes forment une deuxième ligne à droite, en avant de San-Giuliano; derrière elle se trouve la division Monnier. Enfin, la garde consulaire fait l'office de réserve et constitue un troisième échelon en arrière à droite.

Quant à la division Boudet, que Desaix a emmenée du côté de Novi, elle doit revenir à marches forcées reprendre sa place primitive, en arrière et à gauche de San-Giuliano.

La brigade de cavalerie, commandée par le général Champeaux, a reçu l'ordre de garnir les intervalles de l'infanterie du général Lannes et de la flanquer sur sa droite.

Il était également essentiel de couvrir le débouché important de Salé, village situé à l'extrême droite de la position générale, et d'observer l'ennemi sur ce point; Murat y envoya, d'après l'ordre du Premier Consul, la brigade du général Rivaud : 12e hussards et 21e chasseurs.

Toutes les troupes françaises ne présentaient qu'un effectif de 18,000 à 19,000 hommes d'infanterie, et à peu près 3,000 chevaux.

L'action s'engage donc à la ferme de Pietra-Buona. Oreilly commence par essayer d'en déloger Gardanne à coups de canon. Les quelques pièces de la division française répondent d'abord avec avantage; mais Haddick entre en ligne, et les Autrichiens se déploient malgré le feu de mousqueterie des Français. Les bataillons de Kaim commencent également à paraître.

Devant un ennemi si supérieur en nombre, le général Victor ordonne à Gardanne de se retirer par échelons au delà du Fontanone.

Les Autrichiens s'avancent alors pour franchir ce ravin et un combat plus meurtrier que le premier s'engage; des charges d'infanterie et de cavalerie, soutenues d'un feu des plus violents, vont se succéder pendant près de deux heures. Haddick est tué et ses troupes sont mises en désordre; Kaim tente, sans plus de succès, un nouvel effort.

Le général Pilati, qui commande la cavalerie autrichienne de l'aile droite, a donné l'ordre aux dragons de l'Empereur de gagner, par un détour, l'aile gauche française, pour la prendre en flanc.

Mais, comme nous l'avons dit, la brigade Kellermann (2e, 6e et 20e de cavalerie), qui couvrait l'aile gauche de Victor, était précisément sur ce point, rangée en avant et à gauche du village de Marengo, ayant à sa droite le 8e dragons.

Défilant un à un à travers le ravin de Fontanone, couverts par un bois qui dérobait leur mouvement, les dragons autrichiens sont venus se former en bataille sur deux lignes dans une prairie. Kellermann les aperçoit et devine leur intention. Il donne au 8e de dragons l'ordre de les charger, se tenant prêt à soutenir ce régiment avec sa brigade en bataille.

La première ligne des Autrichiens est d'abord renversée, mais leur seconde ligne accourt, repousse le 8e dragons et le ramène en désordre sur la grosse cavalerie. Kellermann fait démasquer le terrain et lance ses trois régiments avec une telle impétuosité, à 50 pas, que les deux lignes autrichiennes sont rompues et rejetées dans le Fontanone.

« Ces dragons dispersés », dit une relation autrichienne, « se précipitèrent en désordre et au grand galop dans le fossé qui était très profond. Hommes et chevaux y tombèrent pêle-mêle. Tout ce qui ne perdit pas la vie dans cet affreux désordre fut sabré et fait prisonnier. Un très petit nombre d'hommes furent assez heureux pour regagner le bord opposé. »

« L'ennemi, dit Kellermann, perdit dans ces deux charges plus de 100 chevaux. Son infanterie allait se débander pour peu que la nôtre eût donné; mais on s'observa un quart d'heure. Pendant ce temps, le feu de l'artillerie et de l'infanterie ennemies nous abîma et nous obligea à reprendre notre ancienne position. »

De leur côté, les 11e hussards et 12e chasseurs se multipliaient en efforts pour empêcher la cavalerie de l'aile droite ennemie d'atteindre notre flanc gauche.

Victor envoya un aide de camp au 11ᵉ hussards pour lui dire de se maintenir, à tout prix, dans sa position entre la Lemme et l'Orba.

Ce régiment y réussit jusqu'à 11 h. 1/2 en exécutant de temps à autre de petites charges qui déjouèrent les tentatives de l'ennemi ; mais à 11 h. 1/2, il fut contraint de repasser la Lemme. Là, il trouva un faible bataillon de la 43ᵉ demi-brigade, commandé par son chef, avec lequel il manœuvra pour garder le flanc de l'armée.

Il était alors environ midi ; les Autrichiens avaient échoué dans toutes leurs tentatives pour franchir le Fontanone. Le premier moment de l'engagement nous était donc favorable ; mais la supériorité numérique des Autrichiens devait finir par l'emporter.

En effet, Bellegarde rallie la division de Haddick, et Mélas, en faisant avancer les 3,000 grenadiers de Lattermann, ordonne une nouvelle attaque.

Victor fait alors remplacer les troupes épuisées de Gardanne par la division Chambarlhac. Lannes arrive en même temps prolonger notre droite, pour prendre en flanc Bellegarde, qui menaçait de nous déborder.

Le combat se renouvelle avec fureur. L'ennemi parvient à jeter un pont volant sur le ruisseau en face de Marengo ; les grenadiers autrichiens s'y précipent ; plusieurs fois nos troupes les repoussent ; ils reviennent à la charge, on se fusille à bout portant.

Les Autrichiens essayent, à plusieurs reprises, de lancer leur cavalerie, elle est arrêtée par le ravin.

C'est, à partir de midi, une lutte acharnée pour se disputer le passage : « Ma brigade, dit Kellermann, resta deux heures en panne sous le feu du canon ; il y eut cependant un intervalle d'une heure, pendant lequel le feu cessa ».

Ainsi, pendant que les troupes françaises, d'abord en ordre profond par suite de leur dispositif en échelons du début, cherchent à se porter en ligne, la cavalerie couvre leurs flancs : à gauche, le 8ᵉ dragons, qui se joint à la brigade Kellermann (2ᵉ, 6ᵉ et 20ᵉ de cavalerie) ; en arrière à gauche, le 12ᵉ chasseurs et le 11ᵉ hussards ; à droite, la brigade Champeaux flanquant les troupes de Lannes ; en arrière à droite, la brigade Rivaud (12ᵉ hussards et 21ᵉ chasseurs) qui tient le chemin de Salé.

C'est comme une auréole de détachements de cavalerie, bientôt tous aux prises avec la cavalerie autrichienne qui, ayant pris les devants sur ses colonnes pendant leur mouvement en éventail, cherche à envelopper nos troupes et à les attaquer sur leurs flancs pour empêcher leur déploiement.

Si la cavalerie autrichienne attaque avec énergie, la nôtre lui résiste avec dévouement, multipliant ses charges pour garder le terrain qui lui a été confié.

Jusqu'à 2 heures notre position est à peu près maintenue, Marengo est toujours à nous.

Pendant ce temps, Ott, envoyé par Mélas vers Salé, ne rencontrant personne et en entendant sur sa droite un feu violent, a cru devoir se rabattre de ce côté. Nous tenions encore, mais toutes les troupes des corps de Victor et de Lannes et leurs réserves ont été engagées. A ce moment, les munitions commencent à manquer. Quelques centaines de tirailleurs, n'ayant plus de cartouches, abandonnent en désordre le champ de bataille. La vue de ce mouvement rétrograde donne aux Autrichiens une nouvelle confiance; Bellegarde redouble ses efforts, tandis que la cavalerie s'étend sur nos ailes.

L'attaque sur notre droite est contenue par le corps de Lannes, qui, ne pouvant s'étendre jusqu'à Castel-Ceriolo, fait un crochet de ce côté pour couvrir le flanc de notre ordre de bataille. La brigade de cavalerie Champeaux concourt brillamment par ses charges à repousser l'effort de l'ennemi de ce côté.

Cependant Victor juge qu'il faut ordonner la retraite. Elle commence par échelons par la gauche. A part quelques légers désordres, notre infanterie ne perd pas contenance; de temps en temps elle s'arrête pour se remettre face en tête et faire feu avec sang-froid.

La brigade de cavalerie de Kellermann, sans infanterie et sans les dragons, reste seule face à l'ennemi, pour couvrir cette retraite. Elle voit alors déboucher une colonne de 2,000 à 3,000 chevaux précédée d'une nombreuse artillerie; elle est obligée de se retirer.

L'infanterie, n'ayant plus de cartouches, s'était portée sur Marengo. « Ma brigade, dit Kellermann, se mit en bataille à droite et à gauche du chemin, toujours sous le feu d'artillerie le plus meurtrier, couvrant la retraite de l'infanterie, lui donnant le temps de se rallier, se retirant par pelotons, au pas, faisant de distance en distance des demi-tours à droite, sans permettre que l'ennemi fît un seul prisonnier sur ce point, et déployant dans cette circonstance ce courage froid qui voit le danger, la mort, et l'attend avec constance. »

En arrivant à l'extrémité de la plaine, la brigade des 6e, 2e et 20e de cavalerie était réduite à 150 chevaux. On lui réunit un peloton du 1er dragons et deux escadrons du 8e. Kellermann les forme sur une seule ligne.

Le 11e hussards, qui couvrait le flanc gauche de Victor, avait été également obligé de céder le terrain à l'ennemi.

« Vers les 2 heures, dit le chef d'escadrons Ismert, qui commandait les escadrons du 11e hussards opérant de ce côté, l'ennemi nous força par sa supériorité à la retraite. Nous étions sans canons et sans munitions. Nous fîmes donc cette retraite par 400 toises. Les ennemis nous assaillirent de tous côtés sans nous entamer. Leur cavalerie, qui avait coupé la retraite, exécuta une charge sur nous : les obstacles qu'elle avait à traverser mirent un peu de désordre dans ses rangs ; j'en profitai et exécutai une charge vigoureuse. Je parvins à percer leur ligne et je ralliai ma troupe à 400 ou 500 toises de cette dernière action.

« Pendant que l'ennemi était occupé de notre infanterie, que je ne pouvais plus secourir, je donnai des ordres pour faire ramasser tous les fuyards. Cette recherche m'a procuré une cinquantaine de fantassins, un capitaine du 2e de cavalerie et 12 hommes qui menaient des vivres, lesquels m'ont servi très utilement.

« J'ai divisé mes hussards en trois parties :

« La droite, commandée par le capitaine Sainte-Marie ; la gauche, par le capitaine Briche, et le centre, où j'avais placé les cavaliers du 2e et l'infanterie, fut sous ma direction.

« La cavalerie ennemie, devenue plus audacieuse par la petite capture qu'elle venait de faire, vint pour me charger. Mon infanterie, embusquée, fit une décharge sur elle, et, de mon côté, je fis faire une légère charge et retirer mon infanterie. L'ennemi, devenu plus circonspect, m'a suivi, mais sans acharnement.

« Le brave capitaine Briche a reconnu une colonne de cavalerie qui débouchait sur ma gauche, venant de San-Carlo. Cet officier intelligent s'est éloigné aussitôt de moi afin d'attirer l'ennemi le long de la Lemme, pour ne pas lui laisser le temps de se reconnaître. Cette petite manœuvre a parfaitement réussi. De mon côté, j'ai profité de tous les avantages des positions, et je me suis retiré jusqu'à hauteur de San-Giuliano. »

Plus à gauche, le 12e chasseurs, trois escadrons, sous les ordres du colonel de France, qui flanquait l'extrême gauche de notre armée, exécutait plusieurs charges brillantes et empêchait la cavalerie ennemie de se jeter sur les flancs de nos colonnes en retraite. Dans ces différents engagements, ce régiment perdit 103 hommes et 50 chevaux.

Dans une de ces charges, le cheval du colonel de France ayant été tué, cet officier allait tomber au pouvoir de l'ennemi lorsque le lieutenant Davaux, avec quatre ou cinq hommes, se précipite comme un lion au milieu d'un groupe d'Autrichiens qui entourent le colonel, les sabre et les met en fuite. Le brave colonel de France, très aimé de tout son régiment, fut ramené en triomphe au milieu de ses escadrons. La belle conduite du lieutenant Davaux et des chasseurs fut portée à l'ordre de l'armée.

La cavalerie de l'aile gauche a donc protégé la retraite de Victor : la brigade Kellermann par son sang-froid en face d'une cavalerie très supérieure, le 12e chasseurs en chargeant à plusieurs reprises, le 11e hussards en faisant une retraite par échelons et en exécutant plusieurs vigoureux retours offensifs, grâce à l'appui d'un détachement d'infanterie dont il se sert comme repli.

Mais la cavalerie autrichienne a une supériorité numérique écrasante de ce côté, et la nôtre, malgré son héroïsme, est rejetée et ne peut plus couvrir le flanc gauche du corps de Victor, qui va être contraint de reculer encore.

Quant au flanc droit, protégé jusque-là par Lannes, il allait aussi se voir débordé.

En effet, la retraite des divisions du général Victor mettant à découvert le flanc gauche du corps du général Lannes, celui-ci se trouve dans l'obligation de se retirer à son tour. La brigade Champeaux couvre sa retraite.

En chargeant à la tête du 1er dragons, le général Champeaux reçut une blessure grave dont il mourut quelques jours après. Le colonel du régiment, Viallanes, est aussi grièvement blessé : le chef d'escadrons Caulaincourt prend le commandement du régiment et déploie en cette circonstance le sang-froid qui était le caractère principal de son courage, mais il ne tarde pas à être blessé également d'un coup de feu.

La lutte durait depuis plus de cinq heures. Pendant deux heures, elle avait été soutenue par la seule division Gardanne, forte de 3,600 hommes, et par la cavalerie de Kellermann; puis, peu à peu toutes les troupes de Victor et celles de Lannes étaient entrées en ligne, et ces 13,800 hommes avaient repoussé les attaques répétées de plus de 16,000 hommes d'infanterie soutenus par une nombreuse artillerie et par plus de 4,000 chevaux, sans compter Ott, qui était sur leur flanc droit avec près de 7,000 hommes et 6 escadrons.

Il faut reconnaître que le ravin profond et fangeux qui couvrait leur front avait singulièrement aidé à la défense, et l'on est fort étonné que les Autrichiens n'aient pas pourvu plus tôt aux moyens de le franchir rapidement; ce fut seulement vers midi qu'ils imaginèrent de placer des ponts volants en face de Marengo.

*
* *

La retraite générale était commencée depuis un quart d'heure lorsque, vers 3 heures, le Premier Consul arriva sur le champ de bataille. A ce moment, les Autrichiens franchissaient le Fontanone sur tous les points; cavalerie, infanterie, débouchaient dans la plaine que leur formidable artillerie couvrait de boulets et de mitraille. Nos divisions, non encore vaincues, mais épuisées et haletantes, se retiraient en échiquier, soutenues par des colonnes serrées prêtes à former le carré.

Cependant, Elsnitz et Ott, s'étendant au delà de notre droite, menaçaient de prendre notre ligne à revers. C'est ce mouvement qui préoccupe le plus Bonaparte. Il amenait avec lui la garde consulaire, troupe peu nombreuse, deux escadrons et deux bataillons, mais d'une valeur incomparable; il se faisait suivre à peu de distance par deux régiments de cavalerie.

Il était de toute nécessité de flanquer à droite le corps de Lannes, en butte aux attaques des 3,000 à 4,000 cavaliers du général Elsnitz. Bonaparte fit porter de ce côté les deux bataillons de sa garde, qui se formèrent en carré à 600 mètres de l'extrême droite.

Pendant ce temps, l'une des divisions du général Desaix, celle de Monnier, était arrivée sur la ligne. Le général Dupont, chef d'état-major général, s'empressa de diriger cette division vers la droite du corps du général Lannes, qui, toujours poursuivi par le général Kaim, se trouvait déjà débordé. Le général Monnier, en faisant ce mouvement, se trouva un instant enveloppé par la cavalerie du général Elsnitz ; mais il put atteindre le village de Castel-Ceriolo, où il jeta une de ses brigades aux ordres du général Carra-Saint-Cyr. Cette brigade y pénétra sans peine ; mais bientôt délogée, elle dut se jeter dans les vignes pour échapper à la cavalerie.

Deux bataillons de cette division Monnier, enveloppés par un gros corps de cavalerie, ne montrèrent pas la moindre crainte : les deux premiers rangs firent feu sur leur front, le troisième fit demi-tour et feu en arrière. Après plusieurs charges, les cavaliers ennemis se retirèrent sans avoir pu les entamer.

La formation de ces deux bataillons d'infanterie pour recevoir la cavalerie a été souvent exaltée par les généraux qui, à l'inverse de Bonaparte, n'étaient pas partisans de la formation en carré.

Bonaparte avait certainement rapporté sa prédilection pour les carrés de la campagne d'Égypte, où cette formation était indispensable pour maintenir l'infanterie au milieu des flots de mameluks qui l'enveloppaient de toutes parts. Elle avait les deux grands défauts : de suspendre la marche, de diminuer le front du feu et de servir ainsi les intentions de la cavalerie, dont l'attaque contre l'infanterie a pour principal but de l'arrêter et d'amoindrir son feu.

Les troupes de Carra-Saint-Cyr furent obligées, néanmoins, de se retirer.

Quant aux deux bataillons de grenadiers de la garde, forts de 900 hommes, formés en carré, n'ayant avec eux que leur faible artillerie, ils repoussèrent les charges multipliées de la nombreuse cavalerie du général Elsnitz, sans être ébranlés, et parurent, selon la belle expression du général Berthier, une redoute de granit, contre laquelle tous les efforts devaient être impuissants.

La constante intrépidité de ces 900 braves arrêta le mouvement de l'aile gauche des Autrichiens.

Le général Elsnitz aurait pu négliger ce carré isolé et continuer sa marche à travers la plaine ; mais il s'acharna à faire charger successivement une grande partie de ses escadrons, dont plusieurs furent rompus et éprouvèrent une perte considérable.

Ott fit alors attaquer ce carré par l'infanterie. Les grenadiers se déployèrent pour soutenir cette attaque ; ils furent alors chargés à dos par les hussards du général Frimont, qui les ébranlèrent enfin, et ils durent se retirer vers les Poggi.

Ce succès des hussards autrichiens, aussitôt que le hérisson se fut développé, servit naturellement d'argument décisif aux partisans du carré.

Il est 4 heures, la victoire semble toujours appartenir aux Autrichiens. Nous sommes en pleine retraite. Nous n'avons plus dans la plaine qu'un seul point d'appui : San-Giuliano.

A partir de ce moment, Mélas s'acharne exclusivement à déborder la gauche de l'armée française pour la rejeter sur le centre et lui couper la route de Tortone, ce qui lui fait manquer l'occasion opportune de faire agir la masse de cavalerie qui formait son aile gauche.

A ce moment, des officiers, envoyés au-devant de la division que le général Desaix ramenait à marches forcées de Rivalta, viennent dire au Premier Consul que la tête de cette colonne paraît à hauteur du village de San-Giuliano. Le second acte de la journée, ou, pour mieux dire, la seconde bataille de Marengo va commencer.

Mélas se croit vainqueur, et, pressé d'annoncer son triomphe à toute l'Europe, il rentre dans Alexandrie, laissant à son chef d'état-major Zach le soin de poursuivre l'armée française, qu'il croit irrémédiablement battue.

En effet, à 5 heures du soir, tout annonçait une bataille perdue : la route de Tortone était ouverte aux Autrichiens.

Pendant qu'à gauche Ott poursuivait au delà de Castel-Ceriolo Monnier et la garde consulaire, la droite de l'armée autrichienne, poussant devant elle les débris de Lannes et de Victor, s'avançait en colonnes profondes sur la chaussée de Marengo à San-Giuliano.

En tête marchaient, avec le général Zach, le régiment de Wallis, puis cinq bataillons de grenadiers de Lattermann, en tout 6,000 hommes d'infanterie, couverts sur leur flanc gauche par six escadrons. Ils étaient suivis à 1000 mètres en arrière par neuf bataillons d'infanterie, flanqués de douze escadrons marchant à gauche de la route ; enfin, plusieurs groupes de cavalerie, dont un de 2,000 chevaux, et quelques bataillons d'infanterie reliaient les deux ailes de l'armée autrichienne.

Dans la colonne de Zach, officiers et soldats marchaient en désordre, avec la confiance et la sécurité de gens qui se croient vainqueurs. Les soldats quittaient leurs rangs pour dépouiller les morts, les officiers pour se féliciter. Un émigré français, le baron de Crossard, en fit l'observation au général Zach, qui le reçut comme un fâcheux.

C'est à ce moment que Desaix arriva sur le champ de bataille, précédant de quelques minutes sa division, commandée par Boudet. Après avoir tenu conseil avec Bonaparte et décidé avec lui qu'on tenterait de ressaisir la victoire, il revint vers ses troupes, qui débouchaient de San-Giuliano, et les forma dans les vignes, en avant du village, de chaque côté de la route ; à gauche de cette route, la 1re brigade (30e et 59e demi-brigades de ligne). Marmont, qui venait de rassembler douze pièces de canon, les mit en batterie en échelon en avant de cette dernière brigade, les pièces de gauche appuyées à la chaussée. A droite, enfin, et à 400 mètres de la route, se trouvait Kellermann avec ses 150 chevaux, reste de sa brigade, auxquels on avait adjoint, comme nous l'avons dit, un peloton du 1er dragons et deux escadrons du 8e, ce qui portait sa force à 400 chevaux. Cette cavalerie était formée en bataille.

Toute la cavalerie, que Murat avait pu rallier, fut placée en seconde ligne, formée en colonne et prête à déboucher par les intervalles des corps.

Plus à droite étaient les troupes de Victor et de Lannes, les grenadiers et les chasseurs à cheval de la garde consulaire, ainsi que la division Monnier.

Ces dispositions prises, Desaix ordonne l'attaque. La tête de colonne ennemie arrivait à hauteur de Cassina-Grossa. Accueilli par un feu très vif d'artillerie et de mousqueterie, le régiment de Wallis hésite, fait demi-tour et va se reformer derrière les grenadiers de Lattermann ; ceux-ci continuent à avancer. Desaix lance alors la 9e légère, jusque-là cachée derrière les haies ;

mais les grenadiers autrichiens reçoivent cette attaque par une décharge générale. Desaix tombe, frappé d'une balle au cœur; ses soldats reculent en désordre, poursuivis à la course par les Autrichiens et abandonnant le corps de leur général, dont ils n'ont pas remarqué la chute.

Marmont, dont la batterie suivait le mouvement à la prolonge, n'a que le temps de faire tirer quelques coups à mitraille à ses pièces de gauche. Encore deux ou trois minutes, et, d'après son propre témoignage, ses pièces seront prises ou retirées. Rien alors n'arrêtera plus la marche des Autrichiens sur la route de San-Giuliano.

« Je fis remettre promptement les trois bouches à feu de ma gauche en batterie et charger à mitraille, dit Marmont dans son rapport; mais j'attendis pour faire tirer. J'aperçus alors à cinquante pas de la 30ᵉ demi-brigade, qui était en désordre et en fuite, une masse en bon ordre; d'abord je la crus française. Bientôt, je reconnus que c'était la tête d'une grosse colonne de grenadiers autrichiens. Nous eûmes le temps de tirer sur elle quatre coups à mitraille avec nos trois bouches à feu, et immédiatement après, Kellermann, avec ses 400 chevaux, passa devant mes pièces et fit une charge vigoureuse sur le flanc gauche de cette colonne ennemie. »

En effet, Kellermann, qui avait marché en bataille à hauteur de l'infanterie de Desaix, se trouvait dissimulé par les vignes qui festonnaient dans les arbres, il guettait avec soin le moment d'intervenir.

« J'aperçus, dit-il, que l'infanterie qui marchait sur la gauche de la route de Marengo, à hauteur de Cassina-Grossa, commençait à fléchir, et que les grenadiers ennemis la chargeaient à la course. Je pensai qu'il n'y avait pas un moment à perdre et qu'un mouvement prompt pouvait ramener la victoire sous nos drapeaux. J'arrêtai ma ligne de bataille; je commandai : *Pelotons à gauche et en avant.* Les 2ᵉ et 20ᵉ de cavalerie se trouvèrent alors avoir la tête de colonne, qui se précipita avec impétuosité sur le flanc des grenadiers autrichiens au moment où ils venaient de faire leur décharge. »

Kellermann avait à peine lancé sa charge contre l'infanterie qu'il aperçut la cavalerie, qui flanquait cette infanterie au nord de la route. Il arrêta aussitôt la queue de sa colonne par le commandement de : *Pelotons à droite,* remit ainsi en bataille environ 200 chevaux et se porta au-devant des cavaliers autrichiens. « Comme s'ils eussent été frappés de stupeur, raconte Kellermann, ils étaient restés immobiles et témoins impassibles d'un désastre qu'ils pouvaient empêcher à l'instant même. Je les vis, et, arrêtant la moitié de ma colonne, je la remis en bataille avant qu'elle ne fût entrée au milieu de l'ennemi, et je la conduisis vers cette cavalerie, qui fut contenue par cette manœuvre.

« Quant au mouvement contre l'infanterie, il fut décisif ; la charge anéantit en un instant trois bataillons de grenadiers et le régiment entier de Wallis ; tout fut sabré ou pris. »

Le 2e régiment de cavalerie, suivi d'une partie du 20e, traverse la colonne d'infanterie, et, revenant sur ses pas, la coupe une seconde fois, en y jetant un affreux désordre.

Sur 11 officiers du 2e de cavalerie, 7 étaient hors de combat ; mais on avait pris deux drapeaux. Un cavalier de ce régiment, nommé Riche, avait saisi le général Zach en lui criant de se rendre. Zach lui avait remis son épée, et, en même temps que lui, 6,000 grenadiers, déconcertés par une attaque aussi imprévue, avaient mis bas les armes.

« Ainsi, ajoute Kellermann, 200 hommes seulement ont fait mettre bas les armes à 6,000 grenadiers. . . . . . Cet étonnant succès ne m'a pas coûté plus de 20 hommes tués ou blessés. »

Sur les 6,000 grenadiers qui mirent bas les armes, 3,000 environ tombèrent entre nos mains. Le reste ne put être ramassé et disparut. Mais il faut compter que ces 6 bataillons de grenadiers avaient déjà perdu bon nombre de leur monde avant la charge de cavalerie.

Kellermann disait plus tard, en parlant de la charge contre la colonne de Zach : « Je l'ai faite seul et d'inspiration ». Et l'on ne saurait se refuser à l'en croire. La rapidité avec laquelle les événements se succédaient à ce moment décisif, l'à-propos merveilleux de la charge qui en fit tout le succès, ne permettent pas de supposer qu'un autre que Kellermann ait pu en avoir l'idée, vu le temps de l'ordonner. Quant à ses instructions antérieures, si toutefois il en avait reçu, il est évident qu'elles ne pouvaient prévoir la situation qu'il avait sous les yeux : l'infanterie française en déroute, la colonne autrichienne s'avançant comme un torrent sur la chaussée, et enfin, en face de sa faible troupe, la plaine couverte d'escadrons ennemis. Si donc l'initiative consiste à s'inspirer des circonstances pour agir au moment favorable, sans attendre les ordres de détail, Kellermann en fit preuve aussi bien que de coup-d'œil, d'énergie et de dévouement.

Marmont en donne d'ailleurs un éclatant témoignage dans ses Mémoires :

« Si la charge de Kellermann eut été faite 3 minutes plus tard, nos pièces étaient prises ou retirées, et peut-être que n'étant plus sous l'influence de la surprise causée par les coups de canon à mitraille, la colonne ennemie aurait mieux reçu la cavalerie. Il en aurait peut-être été de même si la charge eut précédé la salve. Ainsi il a fallu cette combinaison précise pour assurer un succès aussi complet et, il faut le dire, inespéré.

« Jamais la fortune n'intervint d'une manière plus décisive. Jamais général ne montra plus de coup-d'œil, de vigueur et d'à-propos que Kellermann dans cette circonstance.

« Kellermann avait été mis aux ordres du général Desaix ; il avait pour instruction de suivre le mouvement des troupes et de charger quand il verrait l'ennemi en désordre et l'occasion favorable. Il a reconnu, en homme habile, l'urgence des circonstances, car c'est quand le désordre commençait chez nous, et non pas chez l'ennemi, qu'il a chargé et qu'il a exécuté sa résolution avec une vigueur incomparable. Il est absurde et injuste de lui contester la gloire acquise dans cette mémorable circonstance et l'immense service qu'il a rendu ».

Remarquons enfin cet à-propos dans le commandement qui, au dire de Brack, est l'expression du génie de la guerre. Et non moins admirable, à notre avis, est l'exécution de cette double manœuvre qui est le plus bel éloge qu'on puisse faire de cette cavalerie.

C'est le plus bel exemple de mouvement de champ de bataille. Des commandements simples et d'une exécution facile : *Pelotons à gauche*, et la moitié de la troupe charge en colonne contre l'infanterie : *Pelotons à droite*, et le reste de la troupe fait face en bataille à la cavalerie. Double mouvement qui réalise à la fois les formations recommandées contre chacun de ces deux adversaires.

Ainsi, la charge contre l'infanterie se fit en colonne de pelotons. Que Kellermann cherchât à attaquer en bataille, soit en faisant converser sa ligne, soit en déployant sa colonne après l'avoir formée, et peut-être l'ennemi aurait eu le temps de se reconnaître.

« Contre l'infanterie, disent les règlements modernes, charger avec la plus extrême vigueur, sans perdre un instant, et le plus souvent dans l'ordre même où l'on se trouve. La charge en colonne est particulièrement recommandée ».

Mais, le « miracle de Marengo » serait-il encore possible aujourd'hui, malgré les armes à longue portée et à chargement rapide ?

Aujourd'hui, comme à Marengo, à la faveur du terrain, de la poussière, des circonstances du combat, la cavalerie pourra s'approcher à 400 ou 500 mètres d'une troupe d'infanterie et l'attaquer par surprise.

Que se passera-t-il alors ? Si ce sont les armes qui ont manqué aux Autrichiens, la question demeure sans réponse. Mais, n'eussent-t-ils eu que des piques, 6,000 hommes d'infanterie résolus à ne pas se rendre, ne devaient-ils pas exterminer 200 cavaliers ? Si donc ils n'ont tué ou blessé que 20 hommes, c'est qu'ils ne se sont pas servis de leurs armes : la surprise et la terreur les leur ont fait tomber des mains. Q'importait dès lors que les fusils fussent à pierre ou à répétition ? D'ailleurs une infanterie qui est pénétrée, se trouve dans l'impossibilité d'user de son feu.

Quoi qu'il en soit, le coup était décisif : la division Boudet se rallie, et avec elle, toute la ligne française se porte en avant. Les Autrichiens démoralisés, privés de leurs généraux, mis en désordre par les fuyards de la colonne de Zach, sont rejetés dans le Fontanone.

Ott, découvert sur son flanc droit, recule à son tour, et bientôt toute l'armée autrichienne bat en retraite sur Alexandrie.

Toute la ligne française s'avance d'un mouvement irrésistible. Kellermann, aidé de la brigade Champeaux, tombe sur les 2,000 chevaux de la cavalerie de Pilati, qui reliait la droite à la gauche des Autrichiens et les disperse. Cette cavalerie va se reformer à l'extrème gauche à l'abri des troupes de Ott. Les grenadiers et les chasseurs de la garde consulaire, conduits par Bessières, la chargent à leur tour. Au même moment, la brigade Rivaud qui débouche, s'élance au galop contre elle.

Le 12e hussards, qui le premier marchait en colonne par peloton sur la route, accourt entraîné par son vaillant colonel Fournier, il est aussitôt appuyé par le 21e chasseurs.

Cette charge brillante entraîne la déroute de la cavalerie autrichienne, qui franchit le ravin de Fontanone en jetant le désordre dans son infanterie.

Le 11e hussards et le 12e chasseurs, qui ont opéré depuis le matin à notre extrême gauche pour la garantir contre les entreprises de la cavalerie ennemie, et qui ont dû reculer jusqu'à hauteur de San-Giuliano, se reportent vigoureusement en avant.

Le chef d'escadron Ismert, qui a dirigé les escadrons du 11e hussards auxquels il a rallié quelques égarés des autres régiments de cavalerie, ainsi qu'un détachement d'infanterie, écrit ce qui suit dans son rapport :

« A deux milles de distance, j'ai jugé par la canonnade que l'ennemi était repoussé.

« J'ai fait faire une charge par les cavaliers du 2e et l'ennemi s'est retiré en ordre. Le capitaine Briche m'a fait son raport le lendemain, dans lequel il a porté la cavalerie ennemie à environ 400 hommes ; de mon côté j'en ai compté 600 et plus. »

Les Autrichiens, malgré leur opiniâtre résistance sur les points où ils purent se rallier, malgré les charges de leur nombreuse cavalerie, sont forcés d'abandonner le terrain.

Le général Mélas, à l'aide de la cavalerie du général Elsnitz, qui couvrait la retraite de sa gauche, parvient cependant à arrêter son infanterie au village de Marengo. Alors, la division Boudet et les corps des généraux Victor et Lannes attaquent le village. Les Autrichiens se défendent avec la plus grande résolution, mais ils doivent céder à l'ardeur et à l'impétuosité des assaillants : Marengo est emporté, nouveau recul de l'armée ennemie.

Son arrière-garde de cavalerie essaye encore de résister le plus longtemps possible aux charges de la brigade Kellermann, de la cavalerie de la garde et de la brigade Rivaud pour se maintenir à la Pietra-Buona et donner au gros de ses troupes le temps de gagner les ponts de la Bormida. Mais nos cavaliers font plier cette cavalerie et la jettent en désordre sur le reste de l'armée où elle porte à son comble le trouble et l'effroi. Dans un instant, les Autrichiens sont dans la plus épouvantable confusion ; 5,000 à 6,000 cavaliers qui couvraient la plaine, craignant que l'infanterie de Carra-Saint-Cyr n'arrive aux ponts avant eux, se retirent au galop, culbutant tout ce qui se trouve sur leur passage. L'encombrement devient extrême sur les bords de la Bormida, où la masse des fuyards est obligée de se resserrer et, à la nuit, tout ce qui est resté sur la rive droite tombe au pouvoir des Français.

Les Autrichiens perdirent le tiers de leur armée ! 8,000 hommes tués ou blessés et 4,000 prisonniers, 12 drapeaux et une trentaine de pièces. Les Français eurent 6,000 tués ou blessés et 1,000 prisonniers.

Notre perte la plus sensible était celle du général Desaix qui, comme nous l'avons dit, était tombé frappé d'une balle au cœur. Cette balle venue obliquement l'avait atteint au-dessus du cœur et était sortie par l'épaule droite. Il n'avait pu prononcer qu'un mot en s'adressant à Lefebvre, qui était à côté de lui : « Mort ! »

Suivant toutes probabilités, sa mort fut ignorée dans le moment, et si les soldats abandonnèrent le corps de leur général, c'est qu'il n'était revêtu alors d'aucun signe distinctif de son grade capable de le faire reconnaître. Savary, son aide de camp, qui n'était pas alors près de lui, revint le soir pour chercher son corps sur le champ de bataille, on le trouva dépouillé, il n'avait plus que sa chemise. On le reconnut à sa volumineuse chevelure, de laquelle on n'avait pas encore ôté le ruban qui la liait.

Murat, dans son rapport à Berthier, s'étendit avec complaisance sur la bravoure et l'intrépidité de toute la cavalerie : « *Il n'y a pas eu, dit-il, d'escadrons qui n'aient eu à soutenir dans la journée plusieurs charges de cavalerie; toutes ont été reçues et données avec le plus grand succès.* » Et il cite tous ceux qui se sont distingués sans parler d'une seule action qui lui soit personnelle. Cette modestie est d'autant plus remarquable qu'elle ne lui était pas habituelle et qu'il n'était pas homme à demeurer en reste de bravoure.

« *Le général Kellermann, placé à la gauche, a soutenu la retraite de la division Victor avec le plus grand courage; le général Champeaux, à la droite, se comportait avec la même intrépidité;*

au centre, le général Duvigneau, de sa personne, n'imitant point ses camarades et, sous prétexte de maladie, avait abandonné sa brigade, qui s'est, du reste, parfaitement bien battue.

« Je dois surtout vous parler du général Kellermann qui, par une charge faite à propos, a su fixer la victoire encore flottante, et vous faire 5,000 ou 6,000 prisonniers; du chef de brigade Bessières, qui, en chargeant à la tête de ses grenadiers, a montré autant de bravoure que de sang-froid; de l'adjudant général César Berthier, qui a été partout également brave, intelligent et actif; il n'a cessé de rendre les plus grands services dans cette journée et dans toute la campagne. La cavalerie a beaucoup souffert; je dois des éloges à tout le monde; la cavalerie a pris plusieurs drapeaux et plusieurs canons.

« J'ai eu dans cette journée environ 800 hommes et chevaux hors de combat.

« Le général Kellermann s'est particulièrement distingué; le général Champeaux y a été blessé avec une infinité d'officiers supérieurs et autres dont vous trouverez l'état ci-joint.

« Je vous prie de m'accorder pour le chef de brigade Bessières, commandant la garde des Consuls, le grade de général de brigade; je vous le demande aussi pour l'adjudant général Berthier et pour le chef de brigade du 8ᵉ régiment de dragons, qui, depuis la guerre d'Italie, n'a cessé de se distinguer avec le corps qu'il commande.

« Je demande aussi le grade d'adjudant général pour mon aide de camp Colbert; le grade de chef de brigade pour mon aide de camp Beaumont, qui, en m'accompagnant partout, a contribué par son courage, son activité et son intelligence au succès de la cavalerie dans la journée, et qui, depuis le commencement de la campagne, a eu deux chevaux blessés sous lui.

« Mon aide de camp Didier a été blessé également par un biscaïen et mérite des éloges particuliers.

« Les citoyens Bigarne, lieutenant au 1ᵉʳ régiment de dragons; de Blou, capitaine au 2ᵉ régiment de chasseurs; Decouy, sous-lieutenant au même régiment; Renaud, sous-lieutenant au 11ᵉ hussards, officier de correspondance près de moi, se sont comportés avec le plus grand courage; Didetes, officier piémontais, s'est bien battu.

« Salut et respect.

MURAT. »

« **P. S.** — *Les grenadiers à pied du Consul, que vous m'avez envoyés, ont soutenu à la droite plusieurs charges de cavalerie, l'arme au bras, et ont arrêté pendant longtemps le succès de l'ennemi. Ce corps a perdu 121 hommes tués ou blessés. Je lui dois des éloges particuliers, et, si j'ai pris quelques soins à l'organiser, je suis bien récompensé de le voir répondre d'une manière si brillante à mon attente.* »

Berthier, dans son rapport sommaire, écrit le soir de la bataille, s'exprime ainsi qu'il suit :

« *La cavalerie aux ordres du général Murat a fait plusieurs charges décisives. Le général Murat a eu ses habits criblés de balles.* »

Kellermann cite dans son rapport :

« *Les citoyens Alix, chef d'escadron du 2e, et Gérard, du 20e, ainsi que tous leurs officiers, sous-officiers et cavaliers se sont parfaitement conduits. J'ignore le nom des chefs d'escadron qui commandaient les 8e et 1er dragons qui ont coopéré avec toute la valeur possible au succès de cette charge. Sur 11 officiers, le 2e en a 7 hors de combat, le 20e, 6. Le chef d'escadron Alix et le cavalier Lebœuf, du 2e, ont enlevé chacun un drapeau ; le 20e a pris 4 pièces de canon. Le cavalier Godin a enlevé un drapeau, le capitaine Letard, du 20e, a chargé avec beaucoup de courage. Je vous prie de solliciter pour eux du général en chef les récompenses honorifiques que le Premier Consul a destinées à la valeur.*

« *Les capitaines Montfleury, Girardot et Thézé, les lieutenants Gavois, Vergé, Poiret et Delord, tous du 2e, ont eu leurs chevaux tués sous eux.*

« *Le capitaine Tétard, du 20e, les lieutenants Piquet, Courtois et Moreau ont eu leurs chevaux tués, et le capitaine Fréli et le lieutenant Fraunoux ont été blessés. Je vous demande pour le citoyen Lamberti, officier plein d'intelligence, de bravoure et d'exactitude, la première place de capitaine qui viendra à vaquer dans le 20e de cavalerie, où il sert actuellement, avec le brevet de capitaine surnuméraire au dit corps. Je vous demande le grade de lieutenant pour le citoyen Petitot, sous-lieutenant, et celui de sous-lieutenant pour le citoyen Galand, adjudant.*

« Je vous prie aussi de vous intéresser à faire indemniser les officiers dont les chevaux ont été tués dans l'affaire. Je vous en adresserai un état nominatif. Je vous demande le grade de sous-lieutenant pour le citoyen Vellin, maréchal des logis chef de la 1re compagnie du 2e de cavalerie, qui s'est particulièrement distingué et qui a toutes les qualités requises pour faire un bon officier.

« Salut et respect.

KELLERMANN. »

Dans le rapport officiel de Berthier au Premier Consul on lit :

« Le cavalier Lebœuf a enlevé un drapeau ; les capitaines Montfleury, Girardot et Thézé, le chef de brigade Gérard, du 20e de cavalerie ; le capitaine Télard, qui s'était fait remarquer à la charge ; les lieutenants Picquet, Courtois, Moreau, Gavois, Vergé, Fontel et Faure, ont eu leurs chevaux tués. Le citoyen Lambert, capitaine à la suite du 20e de cavalerie, le sous-lieutenant Petitot et l'adjudant Galand méritent de l'avancement.

« Le citoyen Conrad, lieutenant du 2e régiment d'artillerie à cheval, a la jambe emportée d'un boulet, il se soulève pour observer le tir de sa batterie ; les canonniers veulent l'emporter, il s'y refuse : « Servez votre batterie, dit-il, et ayez soin de pointer « plus bas ».

« Je demande le grade de sous-lieutenant pour le citoyen Galland, adjudant au 20e régiment de cavalerie ; pour le citoyen Vellin, maréchal des logis au même régiment ; pour le citoyen Dubois, volontaire auprès du général Lannes ; pour le citoyen Brunet, dragon au 5e régiment ; une grenade d'or pour le citoyen Reynal, canonnier au 2e d'artillerie légère, pour le citoyen Munerot, brigadier de la garde des Consuls, et pour le citoyen Renaud, canonnier au 1er régiment d'artillerie. »

En dehors de ces citations, combien de traits de bravoure à signaler dans cette bataille de Marengo, exemple, s'il en fut, de la ténacité des troupes françaises.

Murat avait raison de dire que la cavalerie s'était couverte de gloire par son esprit d'entreprise et son dévouement poussé jusqu'au sacrifice.

Si les généraux désignaient les actes de bravoure dont ils avaient été témoins, combien avaient échappé à leurs regards. Les troupes détachées sur les flancs, pour avoir été moins en vue, n'avaient pas montré moins de courage.

Le colonel de France, qui commandait le 12e chasseurs, en témoigna pour ses escadrons.

Le chef d'escadron Ismert le fit également pour les escadrons du 11e hussards sous ses ordres :

« Dans cette journée mémorable, j'ai eu beaucoup à me louer du courage et de la bravoure des officiers, sous-officiers et soldats qui étaient sous mon commandement, et particulièrement du capitaine Noël, qui s'était déjà distingué à l'affaire de Romano et qui, dans cette journée du 25 (14 juin), a été blessé et a eu un cheval tué. Le capitaine Briche mérite également les plus grands éloges pour son sang-froid, son courage héroïque et ses talents militaires. Le capitaine Sainte-Marie s'est parfaitement conduit. »

Le détachement du 5e dragons, qui avait servi d'escorte à l'état-major général de l'armée, s'était distingué dans plusieurs charges ; le général en chef, dans son rapport sur la bataille de Marengo, cita le dragon Brunet, du 5e, comme s'étant signalé par une extrême bravoure, et demanda qu'il fut nommé sous-lieutenant.

Le lieutenant Montagnier, du 9e dragons, avait chargé à la tête d'un peloton, pris deux pièces de canon et leurs caissons. En les emmenant, il fut chargé à son tour par des forces supérieures. Vivement pressé et voyant que canons et caissons étaient sur le point d'être repris, il les fit culbuter dans un fossé. Pendant que ses dragons exécutaient cet ordre, il soutint seul un combat contre un officier autrichien et donna ainsi à sa troupe le temps de faire filer les artilleurs et les chevaux pris.

Le lieutenant Coulon, également du 9e dragons, eut deux chevaux tués sous lui ; le maréchal des logis chef Isnard, du 9e dragons, enfonça à plusieurs reprises un peloton ennemi, tua un officier, et, quoique grièvement blessé, ne voulut quitter son régiment qu'à la fin de la bataille. Le dragon Jobet, du 9e régiment, tua deux Autrichiens, dégagea seul d'un péril imminent un de ses camarades et fit prisonniers deux officiers, dont il refusa la bourse en leur disant : « Je me bats pour la République et non pour votre argent ».

Parmi les blessés du 9ᵉ dragons se trouvait le chef d'escadron Maupetit, les lieutenants Coulon et Méret, le sous-lieutenant Carré et le fourrier Chatry-La-Fosse.

Quant à Kellermann, qui avait sinon gagné la bataille, comme on l'a dit souvent, surtout à l'étranger, du moins décidé le succès par son initiative, son coup d'œil et sa vigueur, il reçut du Premier Consul un assez maigre compliment.

Lorsqu'il se présenta, tout fier de lui, auprès de Bonaparte, qui dînait, celui-ci lui dit d'un ton froid : « Vous avez fait aujourd'hui une assez belle charge ». Il le nomma, il est vrai, général de division quelques jours plus tard, mais il faut avouer qu'il ne pouvait guère s'en dispenser.

En revanche, lorsque Bessières s'approcha de la table devant laquelle était assis le Premier Consul, celui-ci s'écria avec empressement : « Bessières, la garde s'est couverte de gloire aujourd'hui ». Bessières, à dire vrai, s'était admirablement comporté pendant cette journée et avait montré autant de bravoure que de sang-froid.

Bessières était adoré de la garde, qu'il commandait depuis 1796 et qu'il commanda presque toujours. Ses soldats se plaisaient à citer de lui ce trait d'humanité, qui se passa à la bataille de Marengo, au moment où il fondait au galop sur la cavalerie autrichienne. Un soldat autrichien, renversé et sanglant, étendait les mains vers nos cavaliers en suppliant de ne pas l'écraser : « Mes amis, s'écria Bessières, ouvrez vos rangs, épargnons ce malheureux ».

Bessières jouissait d'ailleurs de cette bonne fortune d'être à la fois glorifié par ses soldats et par Bonaparte. Le mérite ne suffisait pas toujours à conquérir les faveurs de ce dernier, souvent trop jaloux de la popularité de ses subordonnés.

Aussi les chefs les plus dévoués redoutaient-ils le jugement sévère de cet homme, qui exigeait avant tout qu'on réussit, sans quelquefois tenir assez de compte des traits de dévouement qui n'avaient pu capter le succès.

« Notre régiment avait beaucoup souffert à Marengo, raconte le capitaine Aubry, du 12ᵉ chasseurs, dans ses Souvenirs, il avait été détaché sur l'aile gauche et avait eu affaire à une nom-

breuse cavalerie ; aussi, malgré sa bonne contenance, il avait
perdu beaucoup de prisonniers.

« Notre colonel, obligé, le lendemain, de se présenter devant
le Premier Consul, était tout capo et craignait une remontrance
sévère. Quelle ne fut pas sa surprise lorsque, au contraire, Bonaparte lui fit une magnifique réception, le complimenta, le félicita
sur les services qu'avait rendu son régiment en tenant tête cou-
rageusement à des forces supérieures et en maintenant, par sa
belle conduite, une cavalerie qui aurait pu faire changer la
chance de la bataille ! »

En résumé, l'armée française n'avait à Marengo que 3,300
cavaliers, tandis que les Autrichiens disposaient de 51 escadrons, représentant près de 8,000 cavaliers. Il est vrai que
Mélas, le matin de la bataille, commença par se priver de
2,400 chevaux qu'il envoya courir vers Acqui, croyant à une
attaque de Suchet. Toutefois, ces escadrons autrichiens qui pre-
naient part à la lutte, après avoir vaillamment secondé l'attaque
du début et avoir contribué pour une bonne part à nous faire
reculer, ne surent ni pousser notre infanterie, lorsqu'il fallait
peu de chose pour convertir notre retraite en déroute, ni résister
à notre cavalerie lorsqu'elle reprit l'offensive ; plus d'une fois
même la cavalerie autrichienne évita le combat avec la nôtre.

En présence de pareils résultats, il est très possible qu'il ne
manquât pas alors d'habiles avocats dans l'armée autrichienne
et à Vienne pour proclamer que la cavalerie n'était qu'une vanité
coûteuse et inutile. Mais, en revanche, les services rendus par la
nôtre eurent l'effet inverse.

Concluons que, pour apprécier les services que peut rendre la
cavalerie, il faut d'abord vouloir s'en servir, puis savoir bien
s'en servir et, au besoin, ne pas l'épargner. C'est pour ne s'être
pas épargnée que la cavalerie française eut une si grande part
dans la victoire de Marengo.

Si le nom de Kellermann eut tant de retentissement après la
bataille de Marengo, c'est qu'il apparut à tous les témoins de sa
charge auprès de San-Giuliano comme le véritable sauveur de
cette journée, et que la déroute, qui avait commencé, semblait

irrémédiable quand son intervention fit passer la victoire de
l'un à l'autre camp.

Mais Kellermann avait été aussi habile et aussi héroïque dans
ses charges du commencement de la journée, par lesquelles il
avait su contenir l'ennemi et couvrir l'infanterie.

Kellermann fut d'ailleurs celui des généraux de cavalerie du
premier Empire qui passait pour être, après Montbrun, le plus
habile manœuvrier.

Si la cavalerie autrichienne et la cavalerie française avaient
été complètement insuffisantes avant la bataille, puisque, d'un
côté comme de l'autre, les deux généraux en chef ignoraient
jusqu'au moment de l'engagement les projets, la force et même
les positions de leur adversaire, elles rivalisèrent vaillamment
sur le champ de bataille.

Sans le dévouement de notre cavalerie, nos troupes auraient
eu, dans les plaines de Marengo, une nouvelle bataille des Pyra-
mides, et, derrière le flot débordant de la cavalerie autrichienne
paralysant le mouvement de nos divisions, se fut accompli l'irrémédiable enveloppement tactique de nos colonnes par les
bataillons autrichiens.

Sans l'audace habile de sa cavalerie, l'armée autrichienne
endiguée n'aurait jamais pu déboucher.

En somme, malgré ce qu'on a écrit, l'ossature de la bataille
de Marengo reste constituée par la lutte de l'infanterie, mais la
cavalerie y joua un rôle des plus importants, beaucoup plus
important qu'il n'est habituellement sur les grands champs de
bataille, où, comparse et auxiliaire secondaire, elle n'apparait
d'ordinaire qu'aux heures de sacrifice, comme *ultima ratio*,
pour faire hésiter la victoire ou recueillir ses trophées.

PARIS. — IMPRIMERIE R. CHAPELOT ET Cᵒ, 2, RUE CHRISTINE.

PARIS. — IMPRIMERIE R. CHAPELOT ET Cᵒ, 2, RUE CHRISTINE.